마지막 화살

마지막 화살

신문홍 두 번째 시집

세종출판사

●●● 서문序文

두 번째 시집을 준비하며 쉽고 통상적인 언어로 쓰려고 노력했다. 시를 쓰는 것도 말의 조합과 문장의 설계라 생각한다.

각 행과 연의 말을 간추려 튼튼한 뼈대를 세우려 노력했다. 읽는 분들이 나름대로 각자의 감성을 끌어 참여할 수 있도록 여백을 두고자 했다.

지구환경이나, 전쟁과 폭력, 구조적 부조리, 신앙, 억압 등 인류 공동체 문제에 대한 우려의 메시지를 담으려 시도해 보았다. "시인은 오로지 단 한 줄의 글로 정의를 세우고 세상을 밝힐 줄 알아야 한다."는 원로시인의 말을 늘 생각하게 된다. 읽는 분들의 공감과 서로 다가서는 가교가 되면 더없이 좋겠다.

2025년 을사 정월 靑石

차례

제1부 달에게 하는 귀띔

제2부 정화수 떠놓고

제3부 오늘을 사랑하자

제4부 추억의 코스모스

제5부 마지막 화살

제1부

달에게 하는 귀띔

연꽃

진흙 속 뿌리는 깊고
솟구치는 줄기는 모질다

전생의 업보
해와 달
목탁木鐸의 노래 못 잊어

온 힘 다해 솟아올라
지쳐 누운 이파리 서너 개

암자의 연못에 여미고 앉은
진홍색 족두리
끊지 못하는 억겁의 인연

풍등風燈

수많은 풍등 누가 띄웠을까
빛나는 별들
사람들은 소망이 참 많은가 보다.

세계의 곳곳에서
끊이지 않는 총성
사람들은 미움도 참 많다

총성에 놀란 풍등
별똥별이 쏟아진다

초록빛 지구는
어느 별의 누가 띄운 소망일까
불안한 풍등
지구별이 떨고 있다

거울

참모습 보려고 거울 앞에 섰는데
보이지 않습니다
거울 속으로 들어가 봅니다
아무것도 없습니다
깜깜합니다

다시 거울 앞에 섭니다
눈을 감고 한참 동안 바라봅니다.
아! 드디어 보이네요
촘촘한 빨간 거미줄
아이들 물총 같은 심장
머릿속을 기어 다니는 흰개미들

그런데 영혼은 어디 있나요?
부서졌군요.
그래서 매일 이리도 아팠군요
거울 조각 하나하나 맞춰줍니다
이제 보입니다. 웃고 있네요.

여행

여행은 혼자 하는 게 제맛이지
날라리 봇짐에 완행열차를 타고 가자
종착역의 표를 사야지
가다가 아무 데나 내릴 수 있게
한적한 간이역이면 좋겠지

화단에 핀 맨드라미 에게는 경례를 하자
그놈은 원래 벼슬이 높으니까
봉숭아 저놈은 건드리지 말아야지
터지면 마른 눈물이 쏟아질 거야

역 앞 허름한 카페에 들러
헤이즐넛 한 잔에 추억을 마시자
엘비스의 러브 미 텐드를 들으며

차창에 펼쳐지는 게으른 풍경
저어기 산모퉁이 돌아 어디쯤이 고향이랬나
자꾸만 차창을 따라오는
긴 머리카락, 아련한 미소.

가을밤

달은 밝고 오동잎 울어
잠이 마실 간 저녁
나도 따라 마실길 나섰다

산모퉁이 희미한 불빛, 쌍과부 집
눈맞아 한 명 가고 외 과부 집
나도 몰래 발길 닿은 곳

네 얘기 내 얘기 풋사랑 얘기
짠 눈물 안주 삼아
막걸리 두어 되 들이키고
초행길처럼 비틀거리는데

갈 바람에 업혀 오는 향기
첫사랑 들국화 연보라 향기
잠 깬 올빼미 쥐포 찾아 날고
외눈박이 장승은 언제부터 게 섰는고

태움

타다남은
장작 꼬랑지는 흉하다

완전히 타서 사그라든 재는
너무나 곱고 평화롭구나

온전히 태워야 한다
활활 타오르자

나를 위해 세상을 위해
흉한 꼬랑지 남기지 말고

소화기

사무실 2층에
영 수 학원이 있다.
초, 중생 수십 명이 드나든다

엘리베이터 옆에 작은 소화기
빨간 옷, 코끼리 코
뽀얀 먼지를 쓰고
고장 난 우산들 사이에 쪼그리고 있다

걸레로 닦아 바로 놓으니
신이 난다
반짝반짝 당당한 자세

미래를 위한 어린 보석들
속 찬 소화기가 되기를
나는 오늘도 소화기를 닦는다

별밤

미움도 원망도
그리움도
잊고 살았습니다

당신이 뿌리고 간 씨앗
예쁘게 가꾸어
잘 갈무리하였습니다

밤공기 무거운 창가에서
하늘을 봅니다
눈 마주치니 생각나는군요
먼저 간 별님

찬 바람 불어도 닫지 않을래요
커튼도 치지 않을게요
그대, 드소서
안개, 뜨거운 입김으로
별밤

겨울 나그네

아름다운 봄날
이 길을 걸었네
향긋한 봄꽃 향기 따라
새들도 함께 날며 노래 불렀네

낙엽 지는 가을날
이 길을 걸었네
들국화 코스모스 함께 걸으며
시를 읊었네

눈 내리는 겨울
그 길을 걷고 있네
새들은 덤불 속 둥지에 숨고
꽃들은 지고 없네

불렀던 노래 입가에 맴돌고
읊었던 시 귓전에 아련하여
숫눈길 걷는 나그네
발자국 자국마다 시를 쓰네

꽃잎 인생

태어날 때
모두 나를 내려다보며 웃고
나만 울었다.

아옹다옹
사랑받고 사랑하며
더불어 살아온 꿈 같은 세월

꽃노을 속에 길이 보이네
떠날 때 나는 웃겠지만
쳐다보며 울어줄 누구 있을는지

아름다운 세상
꽃처럼 살아온 날들
떠나는 사람도 보내는 사람도
꽃처럼 웃는 날이기를

방울 소리

고드름 조각처럼
오래된 귀지 하나 딸깍거린다.

바람에 덜컥이는
시골집 봉창 소리 같기도 하고
문풍지 떠는 소리 같기도 한데

면봉으로 꺼내려 해도
점점 깊이 들어가
꼼짝도 하지 않네

할멈은 병원 가자 조르고
나는 싫어 고개를 젓는다

노을 향해 걸어가는
늙은 조랑말
딸랑대는 방울 소리

결투

누구를 위한 총질인가
아이들이 이슬처럼 사라지고 있다
죄 없이 영문도 모른 채
남은 사람들 슬퍼할 겨를도 없다
신을 불러도 하늘은 멀고,
정의는 잠들었다

벙커에 꼭꼭 숨은 비겁한 자들
푸틴, 젤랜스키
네타냐후, 하마스의 지도자여
모스크바 광장에서
예루살렘 광장에서
단 한 발의 총알을 장전하고 결투를 하라
그리고 승복하라

국가가 없어도, 지도자가 없어도
네 땅 내 땅 없이
평화롭게 살아왔다
양들은 자유로이 풀을 뜯고
새끼를 키워야 한다
그것만이 오직 하늘의 뜻이다

파지 도인道人

쌓인 파지를 노끈으로 묶어
길에 놓으러 갔다
마침 파지 줍는 노인이 지나갔다

영감님이 손을 가로저었다
“오늘은 이만 됐어요,
 다른 사람 것도 남겨 둬야지.”

“어르신 전에는?”
“애들 가르쳤지”

주름진 눈우물 속에
작은 눈동자가 반짝반짝 빛났다.

반쯤 채운 리어커를 끌고
훠이훠이
도시 숲에 사는 도인

파도波濤

배우가 티브이에서
게맛살 광고를 한다
"니들이 게 맛을 알아"

실 잠자던
노시인이 벌떡 일어났다
게 눈을 하고
"니들이 게거품에 출렁이는
파도의 그리움을 알아"

다시 잔다
코를 고신다
깊은 바다 해초海草 숲에
게들과 소꿉놀이 하고 있다

나의 길

많은 길이 있다
땅에도 산에도
바다에도, 하늘에도,
세상은 길로 연결돼 있다

모두가 다니는 길,
따라 걸으면 편하다
그러나 그 길은
나의 길이 아니다

나만의 길
꽃이 그림을 그리고
새가 시를 읊는 사색의 숲

마음을 씻고 닦으며 찾는다
쇠사슬로도 묶을 수 없는
해방된 영혼의 길

하동 골의 밤

눈썹달 산마루에 낫을 갈고
별빛 소나기 퍼붓는 밤

튀밥처럼 터지는 산수유 향기
잔에 넘치니
나그네는 이미
노란 술에 취했다

멀리 쌍계사의 종소리
섬진강 은물결 윤슬을 쓰다듬고
깊은 계곡 사슴의 노래
애간장을 녹이나니

속세를 벗어 목마른 나그네
표주박 손 길게 뻗어
섬진강을 마신다
은하수를 마신다.

숫눈길 걸으며

동트는 아침 숫눈길을 걷는다
따르는 이 누구인가
뽀드득뽀드득 새벽달이 따라온다

목화밭에 두루미 한 쌍
긴 목을 서로 비비며
후다닥 푸드덕 사랑 춤을 추고

산모퉁이 메밀밭
바람에 춤추는 하얀 꽃이
파도치듯 반긴다

소반에 메밀국수 말아 오시는
어머니의 하얀 저고리
정든 간장 냄새,
알싸한 국물 맛이 희다.

달에게 하는 귀띔

무슨 죄를 짓고 쫓겨났느냐
아폴로 신의 여인을 넘보기라도 했더냐
물 한 모금 공기 한 줌 다 빼앗기고
황톳빛 모래 먼지 알몸으로

그래도 형제의 정 잊지 못해
하루에 한 번씩 지구를 돌며
쌓인 그리움을 삭이고 있구나

미련을 버리고 멀리 떠나거라
너는 이제 신비로운 생명을 잃었으니
쳐다보며 읊던 이백의 시도
아이들의 노래도 다 물거품이 되었다

시도 때도 없이 날아드는
무당벌레의 엔진소리가 두렵지 않느냐
머잖아 장수하늘소들이 몰려가서
너의 내장을 후벼파고
애지중지 숨겨둔 보물마저도
다 빼앗기게 될 것이다

끝없이 넓은 우주
멀리 도망가서 꼭꼭 숨어라
너는 지금
지구의 미치광이들에게 지명수배되었다.

제2부

정화수 떠 놓고

리모컨

거실 권력의 상징이다
나는 하야한 지 좀 됐다
참아야 한다
끈질기게 기다린다

배우들의 얼굴이 사라지고
광고가 뜬다
자요, 보고 싶은 거 보이소
얼른 받는다. 고맙다

손놀림이 바쁘다
와! 롯데가 이기고 있네
'전준우'가 홈런을 쳤구나
검은 돌 흰 돌, 역시 '신진서'야
'구쯔하오' 너는 상대가 안 되지

아내가 설거지를 마치고 기웃 본다
슬쩍 엉덩이 뒤로 숨긴다
뺏을 일도 없는데

인두

앞서거니 뒤서거니
어긋 걷던 아내
세월 가고
지금은 보폭이 딱 맞다
나란히 걷는다

손등을 건드리는 작은 손
꼭 잡는다
평생 내 마음의 주름을 다려준
인두처럼 따뜻한

할 말이 많나 보다
속살거리네
남은 여행 끝까지 오순도순
별 빛나는 밤

연리지連理枝

서로 손 잡은 지 오래됐다
놓지 않으려 하나로 굳었다
살아서는 놓을 수 없는 연리지로
이어진 가지로 수액이 통하고
사랑의 강이 흘렀다
마주 보며 하나 된 세월

거친 폭풍우도
차가운 눈보라도 함께 견디며
비탈진 인생길 뿌리 깊다

잎사귀 하나둘 흰 단풍 들고
삭은 가지가 조금씩 쑤신다
하지만 뭐 어떠리!
둘이서 뿌린 씨알
저 푸른 자손들 대를 이어
천년만년 예서 사는 거지
사랑 깊은 나무는 죽지 않는다.

정화수井華水 떠놓고

한 대접의 물에도
파도가 있습니다

한 대접의 물에서
은혜의 바다를 봅니다

빌고 빌어 지문이 닳아버린
등 여린 손

오직 하나,
자식을 위한 기도는
늘 깊고 넓었습니다

별 빛나는 밤
물 한 대접 떠 놓고

그리운 어머니
나는 당신을 씁니다.

석순石筍

억겁의 세월 석회암 틈새
태반의 양수羊水
영롱한 은방울 하나하나

은쟁반 울리는 심연의 종소리
보일 듯 말 듯 자라는
황갈색 석순

거대한 화룡火龍이 벗고 간 허물
싸늘한 동굴의 어둠 속
닿을 듯 닿을 듯 잡지 못하는
빛의 그리움
고요한 시공時空 통곡하는 침묵

너를 쓰는 밤

밤새워 찾는데
애타게 부르는데
순아! 너는 어디에 있느냐

돌담길 돌아
싸리문 비집고
문풍지 앞에 서성이는 실루엣

순아! 어서 오너라
낮에 오기 부끄러우면
꿈속에 오너라

아무리 깜깜한 밤도
너는 두려울 게 없잖느냐

너는 빛나는 지성이고
표백된 양심이며
자유로운 영혼의 등불이니까.

기도祈禱

고운 별님아
나는 매일 당신을 위해 기도합니다
느끼지 못하는 것은
내 잘못이 아니지요

당신의 귀가
다른 곳을 향해 있거나
그분의 게으름 탓이겠지요

계속 기도할 것입니다
당신을 향한 기도는
나에게 가장 큰 행복이니까요

혹여 나의 기도가 당신에 닿아
빛을 잃거나, 너무 빛나서
더는 기도할 일이 없어질까 봐
그게 더 큰 걱정입니다.

허욕虛慾

밭두렁을 지나는데
자지러지는
쥐의 비명이 들렸다

배추밭 두렁 밑에
두더지 한 마리가 뒹굴고 있네
코에 벌이 붙었다

땅속을 파며
지렁이와 굼벵이를 먹으면 될 것을
앞도 못 보는 것이
꿀을 먹겠다고 벌집을 팠구나

송충이가 솔잎을 먹고
염소가 풀을 뜯듯이 살면 될 것을
허욕을 부리다가
혼쭐이 나는구나, 혼쭐이

물구나무

머리가 흐릿하다
방전된 배터리, 충전이 필요하다
점심시간이 되었네
가보자!

초등학교 운동장
축구공을 따라 아이들이 뛴다
아우성이 하늘을 찌른다
아! 사람 사는 세상
부싯돌이 튀고 전류가 흐른다

물구나무서서 지켜본다

고향 '정관', 텅 빈 국민학교 운동장
아이 하나
사과만 한 고무공을 차고 있다
구멍 난 검정 고무신에
삼베 끈을 동여매고,
뻘뻘 흘리며, 뻘뻘 흘리며
꿈을 차고 있다

먼 여행

연습은 없다
되돌림도 없다
나름 나름 살다가 간다

다 내려놓고
마음에 꽃단장하자

내가 가꾼 화단
꽃길을 따라
꽃향기 맡으며

정처 없고 기약 없는
바쁘지 않은 여행

더도 말고
사랑의 기억 하나 보듬고
먼 길 떠나자
웃으며 –

백야白夜

흰 갓 쓴 산山이
성큼성큼 걸어온다

할아버지의 긴 수염
도포 자락 빗질을 한다

자손들 사는
까만 세상이 걱정되셨구나

구석구석 쓸고
하얀 보자기를 덮는다

여우와 너구리는 다 도망가고
하얀 산토끼
이불 속에 단잠을 잔다

쏟아라, 퍼부어라
단 며칠이라도
하얀 세상에 살아보자

달무리

텅 빈 하늘에
네가 외롭고
봉창 연 골방에 내가 외롭다

긴긴날
밤마다 마주 보지만
너와 나 사이 너무 멀어라

황토색 달무리
은빛 눈무리
곰삭은 세월 설움만 익고

이끼 낀 눈동자 이슬 흐려
이제는 빈 하늘
너도나도 없어라

백조의 호수

턱시도에 검정 양복의 신사
흰 막대 하나 들고 노를 젓는다
춤추는 나비, 꿈꾸는 아기처럼

바이올린의 선율에 따라
반짝이는 은물결
돛을 떠미는 나팔수의 숨 가쁜 볼 풍선

건반에 소나기가 쏟아진다
신의 손가락, 수천 개의 빗방울을
일일이 세고 있다
오 첼로! 포근한 목소리
큰누나가 부르는 손짓을 따라
백조들이 바이칼 호수를 헤엄친다

잔잔한 물안개 아름다운 무지개
비둘기가 날고, 꽃사슴이 날고
잉어와 물고기 떼가 날아오른다.
백조가 난다. 나도 난다
첼로와 바이올린의 현을 타고
피아노의 징검다리를 건너
천상으로, 천상으로

그림자

쓸쓸한 귀가
대문에 비치는 궁상맞은 그림자
보기 싫어

생맥 한 잔 시켜
해질 때를 기다렸다
이제 어두워졌겠지

실눈 뜬 가로등 짚으며
느지거니 대문 앞에 서는데
비틀거리는 그림자

등 뒤에 따라온
보름달
이너무 시키, 너마저

나비

참 좋은 분이셨다
시를 읊고 부처님을 품으신-
많은 것을 서로 나누었다

수소문 끝에 병실을 알아냈다
인사불성
호흡기 틈으로 힘겨운 신음이 새고 있었다

얼음 가시 같은 손을 꼭 잡고
귀엣말로
"형님 너무 걱정하지 마이소,
갔다가 돌아온 이 아무도 없는 걸 보면
그곳도 살만한 곳이겠지요."

야윈 이슬 한 방울 맺혔다

냉수 한 컵, 속을 식힐 때
의사와 간호사가 황급히 뛰어갔다

나비 한 마리
내 뺨을 스치며 날아올랐다

그 자리

뒷동산 잔솔 숲 그 자리
실바위 둘레둘레 병풍을 치고
게으른 햇살 쉬다 가는 곳

도토리 점심에
다람쥐 사랑 놀다 간
뽀송뽀송 금잔디 따스하구나

텅 빈 옆자리 너를 앉히면
날리는 머리카락
귓밥을 간질이는데

저 멀리 다가오는
구름 한 조각
뽀얀 얼굴 빛나는 흑진주

손수건 흔들어 너를 반긴다
울며 웃으며, 웃으며 울며
이미 젖은 하얀 손수건

색色

공기는 색이 없다
물도 색이 없다
그런데 둘 다 파랗다

억겁의 세월
바다가 하늘을
하늘이 바다를

서로 보며 쌓은 그리움
색이 닮았다.

평생을 마주 보아도
닮을 수 없는 너와 나

우리는 언제 어디서
무슨 색으로 만날까
건너지 못한 인연의 늪

광장의 눈물

길 잃은 고양이 울고 있네요
거리에 떠도는 영혼도 울고
까마귀 끼리끼리 짖어대고

광장이 울고 있어요
어지러운 깃발 피켓들이 웁니다
빨간 눈물 파란 눈물로

봄은 눈물로 오고
광장은 비에 젖습니다
풀잎들은 속으로 속으로만 웁니다

그대여 울지 마세요
비 그치고 새날이 오면
봄다운 봄이 오고야 말테니까요

제3부

오늘을 사랑하자

석굴암石窟庵

아~ 김대성!
그는 신인가, 사람인가
토함산 험한 비탈
집채만 한 바위를
얼레고 달래며 몰아 올려
쪼고 갈고 다듬어
만대의 걸작을 완성하였구나.

여덟 제자 거느리고
금강 무사 호위받으며
떠오르는 태양의 정기를
온몸으로 받아 생명을 품어
가히 생불에 버금 하는구나.

신라 천 년 깔고 앉아
어언 또 천 년
바다를 호령하여 왜구를 쫓고
억만 중생을 구제하였으니
억겁을 아우를 인류의 보배로다.

통도사 추상秋想

일주문 지나 불이문 들어서니
만상이 부처일세
뒷산의 팽나무는 잉어로 환생하고
음매 울던 송아지는 큰 북이 되었구나
종루의 범종은 소불알처럼 늘어지고

마당에 날리는 낙엽
자비를 구하는 걸음 바쁘고
비우라 베풀라 하였거늘
대청에 궁둥이 치켜든 보살님들
채워달라 간청하니
진신사리 연화 탑은
먼 산 구름 바라보며 돌아앉았다

'공空이 만滿이요, 만이 공'인데
모두 비우면 꽉 차서 넘칠 것을
덧없는 욕심에 바둥거리며
삶의 무게에 비틀거리느냐

'꽃은 피어도 곧 지고
사람은 나도 이윽고 죽는 법'
부처님 가르침 따라가는 불이不二의 길은
아! 멀고도 멀어라.

여름 산사山寺

달음산 자락 푸른 숲에 안긴
원효대 절

햇볕은 앞마당에 조을고
바람은 숲속에 잠들었다.

계곡에 멱감은 동승은
대청에 모로 누워 발 모으고

댓돌 위 하얀 아기 고무신은
한 송이 꽃일레라

노랑나비 한 마리 앉아
날개를 접었다.

풍경風磬은 처마 끝에 자고
중생은 먼 하늘 구름만 바라보네

동자 승 童子僧 내려다보는
부처님의 눈꺼풀도 무겁다.

꽃신

국제시장 뒷골목
꽃신을 보았네
오뚝한 콧날의 비단 꽃신

곱게 포장하여 제상에 놓고
향 피우고 잔 올리고
절을 올렸네

고무신 기워 신고
상추 단 부추 단 바리바리
십리 장터 내다 팔아
눈깔사탕 사 오시던 어머니

아침에 깨어 보니
꽃신 사라지고 사탕 봉지 놓였네
사탕 입에 물고 고사리손 흔든다
나비 꽃신 나붓나붓
나는 듯 가시옵소서

종지기

시골 마을 오래된 성당
드높은 종각에
종이 걸려 있다

아침저녁 예배를 알리는 종이 울린다
늙은 종지기,
종을 칠 뿐 신도는 아니다

선종하신 신부님 부탁으로
삼십여 년 그 일을 하고 있다
비가 오나 눈이 오나

종이 울리면 온 마을
강아지 송아지
텃밭의 옥수수도 조용히 기도한다

기지개를 켜면
햇살에 비친 종지기의 모습은
살아있는 십자가다

하늘 가까이
하느님의 말씀을
은은한 울림으로 세상에 전하는

하늘 우러러

산고의 아픔 이기고
푸른 바다 핏빛으로 물들이며
황금 쟁반 타고 우뚝 솟아
세상 밝히는 태양

빛과 열을 내뿜어
데우고 식히기를 수십억 년
이 땅에 생명의 기운을 불어넣고
만물을 창조하였구나.

무한의 우주에
스스로 존재하는 위대한 힘
그의 이름은 신이다

은혜 입은
만물이 하늘을 경배하는데
사람만 헐뜯고 다투나니

신이여, 태양이여
우러러 기도하오니
우매한 인간들을 살펴주소서.
몰라서 그러하나이다

선종善終

평생 사랑을 베푸신
또 한 명의 성녀聖女는
웃으며 갔다

이역만리 타국 땅 소록도
붕대 감은 한센인
피 묻은 손 어루만지며
하느님의 무한 사랑 몸소 실천한
푸른 눈의 간호사 '마가렛' 수녀
별이 되었다

천 년을 지지 않는 꽃이 되소서
날개 없는 천사
'마가렛 피사랙'

-선종을 애도하며-

망부석望夫石

날 두고 간다고
아주 간다고

토라져 영영 아니 올까
손 흔들어 잘 가라 보내지마는

장미꽃 송이송이
뿌릴 줄 알았더냐

못 해라, 못 하지
나는 그리 못 하오!

그대가 발병 나
돌아올 때까지

창 열고 별 보며
이슬 젖는 망부석

시월애十月愛

구월의 치마폭에 숨어
시월이 오고 있다

시월은 부끄럼이 많나 봐.
올 듯, 말 듯 망설이고 있네.

하늘엔 벌써 와 있는 것 같은데.
선뜻 다가서기엔
아직 화장이 덜 됐나 보다.

연지 찍고 곤지 찍고
색동옷 갈아입고
들국화 한 아름 안고

구름에 실려 바람을 타고
살포시 등 뒤에서
까꿍! 하겠지.

앵금쟁이 귀뚜리도
함께 오겠지.
오 시월!
알싸한 그리움의 계절

석류石榴

장미가 곱긴 하나 열매가 없고
사과는 맛있어도 꽃은 별로라.
석류야 너는 어째
흠잡을 데가 없니

예쁜 꽃잎 아롱다롱
장미가 질투하고
빨간 열매 너를 보고
사과가 시샘하네.

짱글한 가을볕에 빨갛게 익어
수줍게 웃으면
열매 속 열매가 알알이 보석이라

석류야, 석류야!
부끄러워하지 말고 미안도 마라
맛이 좀 시큼한들 뭐 어떠니
쳐다보기만 해도 배부른 것을

구름 사랑

그대가 내 곁에 있을 때는
하늘에 고운 손 화가가 살아
얼굴 곱게 곱게 그려주더니

떠난 후에는
화가도 달나라로 이사 갔는지
희뿌연 구름 돌아앉았네

구름처럼 왔다가
이슬이듯 떠난 사람

그 미소 정영 구름이었나
이슬이었나
넝쿨처럼 엉긴 정 벗을 수 없네.

합창合唱

벙어리가 귀머거리에게
시를 읽어줍니다
장님은 작곡을 하고
벙어리가 노래를 부릅니다

각시탈을 쓰고 공연을 합니다
무대의 한복판에서
벙어리가 노래하고, 장님이 장구를 치고
귀머거리가 탈춤을 춥니다

천상의 노래가 울려 퍼집니다
빛나는 영혼의 무지개를 타고
청중은 다 벙어리가 되고
귀머거리가 되고 장님이 되어
함께 노래하고 탈춤을 춥니다.

송편 I

순이의 손은 언제나 보드랍다.
간지럼 타며 반달이 뜬다
단팥 먹은 반달은 배가 부르다

뜨거운 솔잎 찜통에 땀을 빼고
화장을 마치면
하얀 조개가 된다

옹기종기 앉아 손님을 기다리면
조상님이 오시고
일가친척 다 모인다

쌓인 이야기 실타래 풀면
혀끝이 달달하다
추석 때는 내가 단연 인기다

송편 Ⅱ

열여덟 살 순이가
올케언니와 마주 앉아 송편을 빚는다
올케의 솜씨가 예사롭지 않다
아, 저래서 잘생긴 울 오빠를 만났구나
나도 예쁘게 만들어야지

윗동네 서울 간 멋쟁이
'영수' 오빠를 생각한다
내일은 추석, 오늘 오겠지
생각만 해도 가슴이 설레고 어깨 힘이 빠진다
히죽히죽 웃다가
아뿔싸! 이를 어째
못생긴 만두를 만들고 말았네

냇가에 물동이 엎어 앉아 기다린다
이 길로 해서 윗동네로 가겠지
달이 밝다
동구 쪽에 우뚝 서는 신사복
'와! 오빠다' 그런데, 그런데
오빠를 쳐다보며 웃고 있는 예쁜 '송편' 하나

황급히 골목길로 뛰어든다.
새로 산 고무신 코에 부딪히는 미운 만두
쨍그랑, 물동이 차는 소리
분칠한 두 볼에 번지는 은하수
잘못 만든 송편 탓일까?

오늘을 사랑하자

또 하루가 간다
가는 것이 아니라
오는 내일에 밀려나는 것이다

과거가 된 어제는 의미가 없고
아직 미래인 내일은 아무도 모른다.
하늘이 준 선물 현재만이 나의 것

세상이 있어 내가 있는 것이 아니라
내가 있어 세상이 있음이니
오늘 하루를 어찌 가벼이 살 수 있으랴
베풀고 사랑하라!

부처님께서는
"너의 전생前生이 궁금하면
너의 현재를 둘러보고,
너의 내세來世가 궁금하면
얼마나 베풀고 있나를 살피라" 하였거늘

마음으로 베풀고, 행동으로 베풀고
해가 저물기 전에
너와 나
모두를 사랑하고 또 사랑하자

단풍

알고 있다
가야 할 때를
가을볕에 익은 것이 아니라
떠날 준비를 하는 것이다.

초록 스카프를 벗고
노랗게 빨갛게 치장하고
내릴 준비를 한다.
밤마다 찬 이슬 마신다.

북적대며 몰려온다.
잔인한 군상들
손뼉 치며 웃어 난리다.
나의 죽음이 곱다고

무심한 것들
언제는 푸르러 좋다더니
이제는 타는 모습이 좋단다

머잖아 흰 산에 엎어지겠지.

사람의 향기

사람의 향기
맡은 적 있나요.

자신의 향기
느낀 적 있나요.

꽃, 풀, 나무
모두에게 있습니다.

꽃의 향기는 십 리
사람의 향기는 만 리를 갑니다.

향기로운 세상을
만들어요.

내가 먼저 나눌게요.
당신도 나누세요.

모두가 향기 뿜으면
세상은 꽃밭이 되겠지요.

고독孤獨

8월의 거리에
흰 눈이 쏟아진다
포도鋪道에 일렁이는 서릿발
발이 시리다

싸늘한 방
빙벽을 쪼아대던 딱따구리는
결국 탈출을 포기하고
빈 옷걸이에 앉아 그네를 탄다

아무도 없는 방
쳐다보는 천장, 구멍마다
촘촘히 돋아나는 고드름
하나씩 떨어져 가슴을 찌른다

지열처럼 고인 응어리
화산이 폭발하고
흘러내린 용암
서서히 서서히 땀으로 식어간다.

제4부

추억의 코스모스

봄비(2025)

초지락 초지락 비가 옵니다
토닥토닥
땅속의 친구에게 전보를 칩니다
깨어나라고

모두 눈을 비비고 일어섭니다
스프링처럼
언 땅이 자리를 비켜줍니다

다시 해가 뜨면
암울한 겨울은 바람처럼 사라지고
돋아나는 새싹들 힘을 모아
더 좋은 세상 만들겠지요

목련木蓮

새하얀 저 꽃잎은
누구의 넋인가
아랑각 대밭 섶에 알몸으로 피어
나는 순결하다
순결하다 외치고 있네

밀양 부사 고명딸, 꽃댕기 고운 아랑
목숨 바쳐 지킨 순결
원령怨靈이 나비 되어
주기 머리에 앉았다지

꽃 지고 핀 잎은 꽃의 사연을 알 리 없어
스치는 바람에 철없이 희덕이고
해거름 비둘기 한 마리
꾸국 꾸구국 목이 메이네

*주기 : 밀양부의 하급 관리

화심花心

외로운 여자
텃밭에 꽃을 심는다

활짝 핀
꽃향기 따라
벌 나비 날아든다.

꽃단장하고
꽃이 되어
꽃 숲에 쪼그려 기다린다

오매불망
그리운 사람
벌 나비로 내리소서

설중매雪中梅

누에 집 사뿐사뿐 내린 가지에
빼꼼 눈 내민 진홍 꽃잎

화투 점치는 누나
깔깔거린다
이월 매조 떨어지면 임이 온다나

밤사이 누부야 왔다 갔는지
쓸고 닦아 반질반질 장독 위에
소복이 쌓인 하얀 순정

첫사랑 열병에
산으로 간 누나
그날도 눈이 오고 매화가 피었지

덧니

거제리 안 동네
막다른 모퉁이 슬레이트집
그녀의 자취방
오월의 따스한 봄볕 쏟아지는 들판
비릿한 보리 내음이
방 안 가득 밀려들었다.

오빠 나비!
부르지 않았으면
만화책만 읽었을 것을
창가에 나란히
어우르는 나비를 보고 있는데
보리 내음보다 더 짙은 향기

쳐다보며
턱을 내민 앵두
우리는 한 쌍의 나비처럼-

부싯돌 스치는 전율
처음 느껴본 향긋한 냄새
아직도 덧니처럼 붙어 있다

민들레 달님

꽃 소녀
봄바람 손을 잡고
산과 들을 달린다.

진갈색 울대
노란 아기 방석에 앉아
봄노래를 부른다.

바람에 홀씨 한 움큼,
날아서 구름으로 갔다
구름이 낮달을 목욕시켰네

노란 달이 뜬 밤
꽃향기 따라 날아올랐다
달은 민들레 꽃밭이었다.

고향 무정

해 뜨는 달음산 달지는 철마산
진달래 치마산은 그대로인데
내 고향 '한밭'은 간 곳이 없네

'모과정' 들 보리 내음
코끝에 맴돌고
피라미 잡던 냇물,
건너뛰던 돌다리 아련하구나

향기도 인심도 낯설어진
'정관 신도시'
어릴 적 모습 그립기만 하네

곰내재 통나무 카페 홀로 앉아
산 아래 빌딩 숲 내려다보며
그 옛날 버들피리 마음껏 불어 본다
물방개 노는 냇가 그랑 철기 날고

홍시

세수하는 새신랑
바지 뒤 춤에
열일곱 처제가 홍시를 이겨 놓고
형부가 똥 쌌다고 소리소리 지르네

새신랑 얼굴이 홍시가 되고
신부가 뛰어나와
치마폭에 감싸고 신방에 드네

담 너머 처자들은 깔깔거리고
장모님은 부지깽이 들고
순이 찾아 난린데

순이는 감나무 가지에 앉아
홍시를 먹고 있네
홍시 맛이 달지 않고 고소했다네

친정엄마

작은 종이 벅스 하나
서툰 글씨 주소를 잘도 찾아왔구나

안에 든 노란 보자기
설레며 풀어본다.

깻잎 콩잎 호박잎 정구지 한 단
먼 길 오느라 지쳐 시들었구나

한 방울 눈물 주니
금방 활짝 웃는 텃밭의 향기

이파리에 묻어나는 정든 목소리
나는 잘 있다
아버지도 잘 있다

엄마, 엄마아!
아직도 나를 위해 할 일이 남았나요?
다투어 세월 뜯는 무심한 딸년에게

추억의 코스모스

자갈길 비포장도로
늙은 가로수
플라타너스 드문드문 사이마다
코스모스 꽃물결 흐드러졌네

순이의 키만큼 우뚝 자라
훤칠한 줄기마다 벌은 잔가지
분홍 하양 진보라
둘러 핀 꽃잎은 싱그러워라

가을바람 하늘하늘 하굣길
'장깸뽕' 꽃잎 따기 놀던
책 보따리 허리에 맨 '순이'
분홍빛 입술, 하얀 이빨
함초롬 함초롬 웃고 있네

손녀 사랑

깊은 밤
손녀가 예쁜 잠이 들었다
살짝 웅크린 등이 누에를 닮았네

누에는 막잠을 자고 있다
잠에서 깨면
비단 집을 짓겠지

너도 언젠가는
예쁜 집을 지어야지
열심히 푸른 뽕잎을 먹어야 한다

설혹 내가 그 집을 못 본다 해도
어느 날 달빛으로 들어
너의 두 볼을 어루만져줄 것이다.

달 밝은 밤
귀뚜라미 노랫소리 들리면
할아버지를 생각해다오.

기러기 가족

여보 어서 준비하세요
설악에 단풍 떴다네
얘들아, 너희도 서둘러라
먼 길 가야 한다

소양호 목욕하고
설악산 단풍도 구경해야지
주남저수지 가서 잔치 벌이자

부산까지 가야지
낙동강 하구에 살림을 차리자
갈 숲에 알 낳고 새끼도 치자

가면서 아이들 공부도 시켜야지
ㄱ ㄴ ㅅ 한글도 가르치고
광안리 백사장 불꽃놀이도 보자

여보 어서 준비하세요
설악에 단풍 떴다네.

부러진 무지개

오르려, 오르려고
잡으려, 잡으려고
할딱거리며 용트림할 때가 있었지

부러진 무지개
오르지 못한 하늘, 잡지 못한 별
무심한 세월에 실려 흩어진
일곱 빛깔 참한 꿈

물안개 자욱한 갈숲길
살갗을 간질이던 자잘한
기포氣泡의 기억마저 희미한
말라가는 쇠가죽

뭐가 좋아 그리도 벙글거리나?
길섶에 흐드러진
창백한 얼굴
멍든 자줏빛 코스모스는-

제대하고

예비군복을 입고 버스에서 내려
정류소 옆에 있는 건물 창 너머 기웃 봤다
보이지 않았다. 소문이 맞구나
너덜너덜 걸어 집에 가니
엄마가 반겼다. “욕 봤제!”
가을볕에 탄 까만 얼굴에
하얀 이빨이 보석처럼 빛났다

마침 삶아놓은 국수를 말아주셨다
후룩후룩 먹는 나를
한참 지켜보시던 엄마가
마지못해 말씀하셨다
“가는 갔다”
내가 가를 좋아한다는 걸 엄마도 아신다
나는 말없이 남은 국물을 마셨다

마침 추수철이라 며칠 돕기로 하고
지게를 메고 논으로 갔다
논두렁에 쌓아 둔 낟가리에서 한 짐 옮길 때쯤
동구 마당에 초록색 택시가 섰다

나는 직감했다
낟가리 뒤에 숨어 외 눈으로 지켜보니
양손에 보따리를 든 남자 옆에
가가 웃고 있었다

지게를 팽개친 후
"마! 갈라요. 놉 사서 하이소."
엄마는 아무 말 없이 눈시울을 붉혔다
엄마도 가를 본 것이 틀림없다.

복숭아

아내가 마트에서 복숭아 두 알을 사 왔다
불그레 탐스럽다
정수기 물에 씻는 줄 알았는데
드르륵, 믹서기 소리가 들렸다
깜짝 놀라 벌떡 일어섰다
아니 저걸!
아내가 힐끗 쳐다보았다

형들은 모여
미꾸라지 잡으러 간다고 부산했다.
나는 모른 척 동구 마당
삐뚤이 늙은 소나무에 올라
솔가지 침대에 누워 막 소월을 읽으려는데
윗동네 고 2 누나가 왔다

중복 더위에 발갛게 익어
느릿느릿 걸어와서는
나무 그늘 평상에 털썩 앉았다.
황새 목으로 한 바퀴 휙 둘러보더니
교복 블라우스 단추를 열고
하얀 손수건으로 땀을 닦는데, 닦는데

와! 잘 익은 복숭아 두 개, 앵두 두 알
눈알 뱅글뱅글, 마른침 꼴깍

아내가 쥬스 두 잔을 들고 왔다
“와 그라요?”
“아니 그걸 갈면 어떡해!”
“마, 임플란트나 어서 하이소”

아빠 이사 가자

밤늦게까지
동물의 왕국을 보다가
잠이 들었다.

얼굴이 새까만
반 친구들과
초원으로 놀러 갔다

기린과 코끼리를 보았다
사자도 보고 치타도 보고

하이에나와 표범도 만났다
날씬한 가젤도 보았다

와! 이런 동물원도 있구나

아침에 눈을 뜨자마자
아빠를 깨웠다

아프리카로
이사 가자고 졸랐다
아빠는 자꾸 하품만 했다

고추밭에서

할머니 셋이 고추를 딴다
혼자된 분들이다
고추잠자리들이 곡예를 하는 동안
벌써 알찬 포대기가 여럿이다

가신 영감 생각이 났는지
주인 할머니가 고추를 흔들며 농을 건다
동상! 생각나는 거 없나?
행님! 머가요?
긴긴밤 앵가이도 방아를 찍어대더니만,
그래서 행님은 아가 일곱 아이요
자네도 다섯이면 적게 찍은 거는 아이제
찍을만큼 찍은기라
셋이서 깔깔 웃는다

그래도 행님은 셋이나 대핵교 보내고 대단합니더
그기 다 이 고추밭하고 저 밑에 감밭 덕분인기라
요새는 전화도 안 온다
그래도 고추 팔면 쪼메 조야겠제
뉘엿뉘엿 저녁 볕이 따갑다
꼬리 엮은 고추잠자리 추억을 부채질하고

뒷집 수탉

우리 집에는 암탉 세 마리가 있었다.
누릇한 알을 낳아주는 고마운 닭이다.
엄마는 장날에
노란 보자기를 덮은 광주리를
조심히 들고 가서 달걀을 팔아
형아들 월사금을 낼 것이다.

뒷집에는 풍채 좋은 수탉이 있었다.
하루에도 몇 번씩 우리 집에 왔다.
날개를 퍼덕이며 겁을 주면
우리 집 암탉들은 꿇어앉았고
수탉이 망측한 짓을 했다.

이눔의 새끼가!
나는 화가 나서
부지깽이로 쫓아내곤 했다.
오늘은 아예 보초를 설 생각이다.
부지깽이를 들고 감나무 밑에 쪼그린
나에게 엄마가 "뭐 하냐"고 물었다.

"냅둬라. 장닭이 와야 새끼를 치는기라"

나는 콧방귀를 끼었다.
"치! 엄마는 보지도 못했으면서."

한참을 기다리니 수탉이 왔다
나는 못 본 척 슬그머니 일어나
부지깽이를 휘휘 저으며
엄마가 간 밭으로 향했다.

"장닭이 와야 새끼를 치는기라"
나는 엄마가 한 말뜻을 알 듯 말 듯 했다.
노란 병아리들이
오글오글 노는 모습이 눈에 선했다.

제5부

마지막 화살

마지막 화살

석양 비치는 사선射線에 서 있다.
남은 화살은 단 한 발
무엇을 쏘아야 하나?

아바이 수령을 쏠까
모가지 뻣뻣한 봉황을 쏠까
까마귀 떼 시끄러운 여의도를 쏠까

참아라, 아껴야 한다
별이 뜨면 아름다운 밤
세상이 온통 시詩로 넘칠 때까지

쏘지 말고 겨누어라
검은 표적이 원고지로 변하면
시위를 당겨 붓을 쏘아라

잠자는 시인을 깨우고
게으른 정의가
화들짝 정신을 차리도록

붓을 들자

망나니들이 광대춤을 춘다
바람이 거세다

먹을 갈자!
묵향이 방에 차면 붓을 들자

침묵하는 민초民草여
끼리끼리 시인이여
이슬을 털고 일어나라

먹을 갈고
붓을 들자

붓의 힘을 모아
망나니들의 칼춤을 막고
민주民主를 지키자.

바퀴벌레

한 편 써볼까 하고
밤늦게 사무실에 들렀다

화장실에 쉬하고 나오는데
바퀴벌레 한 마리 쪼르르 따라온다

이놈이, 발을 높이 들었다
놀라 똥그란 눈

흰 운동화가 힐긋 쳐다본다.
걍 둬도 며칠인데,

슬그머니 돌아서니 바퀴벌레가 웃는다
신발이 웃고 나도 웃고

컴퓨터를 켜니
글자가 폴짝폴짝 뛴다

눈雪

하늘에서
흰 나비 쏟아 내린다.

문익점 할아버지
붓 뚜껑이 열렸구나
목화송이 퍼붓는다.

잘한다
장하구나
힘차게 퍼부어라

제발, 저 시끄러운
여의도의 까마귀 굴을
하얗게 하얗게!

죽순竹筍

시를 쓰는 밤
가슴에 죽순 하나 돋었다

어서 자라야 한다
하늘에 닿아야지

세상이 굽어도
너는 굽으면 안 된다

빈속에 정의를 담고
사랑의 시를 채우자

나 붓 놓으면
너를 타고 오르리
별 빛나는 시의 바다로

수온水溫

사우나 온탕에 엎드려
깜빡 잠이 들었다
황소개구리가 소리쳤다.
“내 방에 불을 땐 놈이 누구야”

남해안 가두리에서
넙치들이 배꼽을 내 놓았다
마지막 놈이 절규한다.
“바다에 불을 땐 놈이 누구야”

열대어가 이민을 오고
대만 해파리가 수영 대회를 한다

오징어들이
시커먼 물딱총을 쏘며 도망친다
멀리 북쪽 오츠크해海로

더위 먹은 아이들은
어디로 뛰어야 하나?
바다가, 지구가 끓고 있다.

중복中伏

장마가 끝나니
하늘이 벗었다
알몸이 된 태양이 화가 났다
푹푹 찌고 삶는다

토란밭에서 양산 한 잎 빌렸다
토란잎이 깨를 볶는다

동구 마당
평상에 앉아 부채질해도
햇볕에 뺨 맞은 바람이
대밭에 숨어 꼼짝하지 않는다

멍멍이는 늘어져 자고
닭들은 인삼 한 뿌리씩 물고
줄행랑을 치고 있다
대밭으로 대숲으로-

나락

보드라운 모성의 태반
모두 한 모판에서 태어나 눈 떴다
서로 기대며 더불어 자라
비바람 이겨낸 튼실한 줄기

한날한시에 알을 배고
가느다란 울대에 이삭을 피워
장글장글한 햇살에 노랗게 익었다

며칠만 기다려 달라
고개 숙여 기도했지만
우렁찬 콤바인 소리 무정했다

만나고 헤어짐은 자연의 섭리
생명 있는 것들의 피할 수 없는 운명
이제는 헤어져야 한다.

죽이 되든 밥이 되든,
마지막 소임을 다해야 한다
몇 알은 남아 또 싹을 틔우겠지!
자자손손 열매를 맺으리라

자화상自畫像

2층에 구순 초입의 노부부가 사신다.
가끔 외출 하시는데
걸어서 계단을 오르내리신다
인사를 하면 왼손을 들어 보일 뿐
말씀이 없으시다

퇴근길에 보니
엘리베이터 앞에 서 계셨다
오른손 지팡이에 왼손을 포개
오른쪽으로 구부정 기울었다

“안녕하세요?”
허리를 굽혀 인사를 했더니
천천히 돌아보며 “안녕해요”라고 하셨다
왼손을 들지 않았다

“안녕해요” 기분이 묘했다.
인사 같기도 하고, 마지막 당부 같기도 하고
건강하셔야 할 텐데
마음이 짠했지만, 난들 별수 있겠나!

빛바랜 달

보름달 밝아 욕하고 싶은 밤
시불넘들 달을 삶아 먹었나?
노란 눈깔에 카키복 입고
쭉쭉 빵빵 달 같은 아가씨들 꿰차고
대낮부터 들락거리더니

꼴에 얼굴 색깔 따진다고
검둥이 바 흰둥이 바 정해놓고서는
달 하나 놓고 쌈이 붙어
지들끼리 치고받고 난리네

밤새워 삐루 빨며 달 놀이 하고서는
날 새기 전 코쟁이들 다 가불고
중천에 해 기우니
빛바랜 달님들 미제 백 하나 들고
미용실로, 미용실로, 구역질하며

네온사인 간판 요란하던
옛날 초량, 중앙극장 옆
택사스촌 그 골목

금정산

태백의 정기 받아 우뚝 선 금정산
영남의 젖줄 낙동강을 뒤로하고
해운대 너머
광활한 바다 부산포를 품었구나

저 멀리 동래부東萊府와 향교의 위엄 당당하고
봉우리 감싼 성벽은 우람하구나

왜놈의 노략질에 자성과 수영성이 무너지면
마지막 보루였던 금정산성
동래부사 송상현 공의 처절한 절규가 들려오고
치마폭에 돌멩이 담아 나르던
여인들의 아우성 아련하구나

금정의 품에 안긴 젊은 학도들
향토의 미래여, 빛이여
잊지 마라!
여기가 항일의 첨단이었고
민족상잔의 전쟁을 승리로 이끈 관문이며
이 땅에 민주주의를 세우고
민족중흥을 이끌어 온 성지였다는 것을

바다

태초太初에 네가 없었다면
나도 없겠지
푸른 얼굴은 하늘을 닮아
은하수의 자손임을 말함이리라

등을 할퀴는 바람에
노여워 말지어다
하늘이 네게 준 업보이려니

안개 일어 구름 만들고
바람에 실어 땅을 적시니
세상은 초록으로 물들고
모든 생물이 번성하여라

오, 바다!
생명의 배꼽이여
지구의 이불이여, 부디
변하지 않는 하늘의 뜻으로
지구별을 보호하소서

종점終點

밤늦은 시골 버스 종점의 막차
내리는 사람들 서둘러 떠나는데
무거운 보따리 끌며 내린
백발의 할머니 갈 곳을 모르네

여기 어디쯤 고향인 것 같기는 한데
달도 지고 깜깜한 밤
보이는 것은 산과 하늘뿐
모든 게 가물가물하구나

보따리 베고 누워 아득히 바라본다
보자기에 담긴,
별보다 많은 사연
헤집고 더듬으며 별을 헤아린다.

지친 몸 뉘고 눈 감으니
스르르 다가오는 고향
하늘로, 별의 나라로
한 점 빛이 되어

멍석말이

옛적에 괜찮은 법 하나 있었다
성공하면 사랑
실패하면 멍석말이

보쌈!
부잣집 젊은 과수 마님도
마당쇠가 업고 재를 넘으면 됐다

심심산골에 움막 짓고
산딸기 따 먹는 신랑 각시
온 산에 사랑 노래 넘쳤다

그때는 몰랐네
열여섯 살 곱던 바닷가 소녀
반백 년 이렇게 아릴 줄 알았으면
보쌈이라도 할걸
한평생을 멍석말이로 살 줄이야.

이기대二妓臺

기암괴석 어우른 바닷가 언덕
누각은 간데없고 전설만 남아
아스라한 달빛에 젖은 두 송이 해당화

두 명의 기녀妓女가 살았다 하여
이기대라 불렀다 하기도하고
동래부東萊府 사서史書에는
임란 때 왜장을 안고 뛰었다 하여
의기대義妓臺라 불렀다 적혀 있는데

진주의 논개는 해마다 제를 올리고
떠들썩 축제도 치루건만
잡초 우거진 두 무덤에는
비석은커녕 이름마저 몰라라

못다 핀 여인의 순정이여
허무하게 져버린 고귀한 충절이여
파도는 해종일 바위를 때리고
내리는 안개비는 보슬보슬 서러워라

공범共犯들

시골 마을은 조용했다
아이들은 학교에 가고
어른들은 논밭으로 일하러 가고
거동이 불편한 할아버지
툇마루에 앉아 짚신을 엮고 있다

까치 한 마리 '깍깍' 울자
가위 소리 철거덩 거렸다.
멍멍이가 슬그머니 일어나
뒷집 장독대 옆에 씻어놓은
양은솥을 물고 엿장수에게 갔다.
엿 세 가락을 받아 왔다
반 가락을 멍멍이에게 주었다
낌새를 첸 까치가 폴짝폴짝 다가와
두리번 기웃거렸다
남은 반 가락을 까치에게 주었다

점심 준비하러 온 뒷집 새댁이
부엌으로 장독대로 치맛자락 날리다가
사립문 앞에 서서 "할배요" 하고 불렀지만
늘어져 자던 멍멍이가 눈을 껌벅 떴다가 다시 감고

할아버지는 짚신을 베고 코를 골고
까치는 짖지 않고 대밭으로 날아갔다
엿장수는 아랫마을로 간 지 오래됐고
아무 일도 없었다.

오시게 장

까마귀 많다 하여 '오시게' 마을
오는 손님 반갑다고 오시게 시장
무심한 난개발에 본 모습은 사라지고
밀리고 쫓겨 엉뚱한 데 앉았구나

5일에 한 번 서는 장터에서는
사면 팔방 사람들 구름처럼 모여
저마다 특산물을 펼치고 앉아
시집간 딸 소식이며
사돈의 팔촌 안부를 묻기도 하고
서민의 애환을 팔고 사던 곳

큰길에 메가마트 여럿이지만
오늘은 그 장에 가봐야겠다.
쑥, 냉이, 상추, 몇 단과 함께
훈훈한 인심도 사서 와야지!

메밀꽃 필 무렵

먹구름 낀 서쪽 하늘 쳐다보며
메밀밭 앞에 한 남자가 서 있다
구부정한 뒷모습이 할 말이 많나 보다.

십수 년 전에 멋진 남자 한 명 있었다
솔직한 그분은 식구의 작은 허물 때문에
부엉이에게 작별 인사를 하였다
사람 사는 세상의 징검다리
'작은 돌' 하나 있다

구부정한 남자가 중얼거린다.
"나는 메밀꽃처럼 흰데 웬 먹구름인고?"
자신의 그림자를 모른다

걱정 많은 시인이 묻는다
"거기도 부엉이가 사나요?"
영취산에 앉은 구름 그저 웃는다
"에끼, 용기도 없네!"

초닷새 날에 (시처럼 소설처럼)

1
큰스님이 암자 마당에 들어서자
동자승이 넙죽 엎드려 절을 하였다.
"아버지 오셨습니까?"
"여섯 살이냐?" "예"
장삼 자락에서 흰 고무신 하나를 꺼냈다
"딱 맞습니다"
"어떻게 알았느냐?"
"구월 초닷새 날에 찾아오시는 큰스님이
제 아버지라고 하셨습니다"
"어디에 계시느냐?"
"동냥 수행 가셨습니다"

2
오 년 전 어두운 밤
수행 중 날이 저물어 이 암자에 들었다.
"하룻밤 신세를 져도 될는지?"
"예, 어서 드시지요"
"명월이가 아니냐?"
"예 소승은 진작에"
'기이한 인연이로고 여기서 만나다니'
십 년 전 큰스님은 앳된 스무 살 처녀의

머리를 밀었다. 지어준 법명이 명월이었다
찻상을 앞에 두고 말을 더듬었다.
"자리를 봐 드리지요."
"행랑채 보일러가 고장이라서,
그럼 저는 법당에서"
"가을바람이 차구나, 예서 자거라."
스미는 바람에 흔들리던 촛불이 꺼지고
달빛에 대나무 잎이 서걱거렸다.
구월 초닷새 날이었다.

3
"다른 말은 없었느냐?"
"아버지 따라가서 학교에 가야 한다고"
"큰스님이라고 부를 수 있느냐?" "예"
"그럼 됐다. 가자!"
"어머니 오시면 말씀드리고 가야지요"
"아니다, 향기가 감도는 걸 보니
아마 어디서 보고 있는 것 같구나."
동자를 훌쩍 들어 안고 대문을 나섰다.
동자는 자꾸 뒤돌아보고
우물가 장독대에서 빈 독 하나가
소리 없이 흐느끼고 있었다.

| 발문 |

대중적인 언어로 지은 흰쌀밥 같은 시집 한 채

- 신문홍 시집 『마지막 화살』을 읽고

차달숙 (시인/수필가)

부산문학인협회 명예회장

| 발문 |

대중적인 언어로 지은 흰쌀밥 같은 시집 한 채

– 신문홍 시집 『마지막 화살』을 읽고

차달숙 (시인/수필가)
부산문학인협회 명예회장

1. 들어가면서

신문홍 시인은 기장 출생으로 2023년 월간 ≪문학도시≫로 시 등단, 2024년 첫 시집 『그리움도 병이어라』를 상재하였다. 이번에 내는 『마지막 화살』은 두 번째 시집이다. 그는 20대 후반부터 지역사회를 위해 많은 봉사활동을 하였고 기업체 대표이기도 하다. 현재 한국문인협회, 부산문인협회, 수영구문화예술회 문인회, 새부산시인협회, 부산문학인협회 회원으로 활동하고 있다.

시를 평할 때 평론가의 해설 대다수가 존재론적 의미를 중시한다.

즉 시의 요소인 언어(시어), 리듬, 이미지, 비유, 상징 및 기타 수사법 시제 어조(또는 문체, 개성) 퍼소나persona, 거리 등을 분석하고 그다음 낯설게 하기(인식의 갱신 즉 어렵게 하기, 애매하게 하기, 아이러니, 역설 등의 기교)를 살피며 요소와 전체의 유기적 관계와 구조의 의미를 파악하는 방법을 즐겨 쓴다.

훌륭한 평론가들은 어렵고 난해한 시를 신기하게도 잘 해석해 내고 대단한 작품이라고 추어주는 것이 현 시단의 추세이다. 현대에 훌륭한 시인으로 이름을 얻고자 한다면 누구나 작가와 평론가만 이해하고 알 수 있는 시를 써야 한다. 그러나 아무리 '낯설게 하기' 등의 표현 기법이 뛰어나고 훌륭한 시라 하더라도 이해하기 너무 어려워 독자들이 읽고 즐기지 못한다면 무슨 소용이 있겠는가.

시인은 시를 쓰지만 주어진 시를 완성하는 사람은 독자다. 즉 일단 활자화되어 발표되면 작품은 시인의 것이 아니라 독자의 것이다. 따라서 시인이 무엇을 말하고자 했든 상관없이 독자는 나름대로 작품을 재구성하는 것이다. 그러므로 시인은 누구나 자신이 쓴 시가 독자에게 일단 읽히는 것이 가장 중요하다고 생각한다.

이런 점에서 시는 일단 읽고 이해하기 쉬워야 하고, 읽는 내내 즐거움을 주어야 하며, 아울러 읽고 난 뒤에는 다른 양식에서는 얻을 수 없는 어떤 깨달음과 감동과 공감 등의 느낌을 줄 수 있어야 한다. 시가 독자들에게 멀어질 수밖에 없게 된 이유는 누구나 쉽게 이해할 수 없는데 있다. 그렇다고 독자들 기호에만 맞추어 시대와 독자에게 아부하는 그런 통속적이고 저속한 글을 써야 한다는 것은 전혀 아니다. 시집에서 파장(코드)이 맞는 독자를 만날 수 있다는 그런 희망으로 진실하게 창작 활동을 하자는 이야기다.

시집은 작가의 삶과 정신을 담는 그릇이다. 시 역시 인간을 대상으로 표현한다면 신뢰와 이해가 근간이 돼야 할 것이다. 이제 신문홍 시인의 작품 면면을 살펴보고자 한다.

2. 펼치면서

<1>

신문홍 시인의 제2 시집 『마지막 화살』은 제1부 「달에게 하는 귀뚬」 외 19편, 제2부 「리모컨」 외 19편, 제3부 「오늘을 사랑하자」 외 19편, 제4부 「추억의 코스모스」 외 19편, 제5부 「마지막 화살」 외 19편 등 90편으로 구성되었다. 신문홍의 시들은 20행 이내가 대부분을 차지하고 있다.

시는 문학의 어느 분야보다도 언어의 함축성과 경제성을 추구하는 예술이다. 필자는 적당한 길이에 음악성과 함축성을 겸비하고 이미지가 선명한 시가 좋은 시라고 생각한다.

신문홍 작가는 풍부한 상상 속에서 유연하게 헤엄을 치

면서도 잘 다듬고 퇴고하여 대부분 20행 이내의 적당한 길이의 작품으로 빚어낼 뿐만 아니라, 음악성과 함축성을 겸비한 시 창작 활동을 하는 점이 돋보였다.

그가 지향하는 좋은 시는 고차원적인 시가 아니라, 남녀노소 누구나 바로바로 감동할 수 있는 쉽고 대중적인 시이지만 전하고자 하는 메시지가 함축돼 있다.

또한 시의 소재가 중복되지 않고 다양하다. 별, 달, 꽃과 풀 등의 자연 현상, 귀뚜라미, 바퀴벌레 등의 미물들과 교감하고 의인화하는 시적 감각이 뛰어나며. 깊은 신앙심에서 우러나는 불이不二의 정신과 우주관이 군데군데 엿보인다.

<2>

신문홍 제2 시집 첫 장에서 「연꽃」 10행시를 만난다. 90편 시 중 그는 왜 '연꽃' 시를 첫 장에 올렸을까.

연꽃은 화려하지 않으면서 학처럼 고아하고, 향기는 맑고 그윽하다. 연꽃은 진흙 속에서 자라면서도 청결하고 고귀한 식물로, 사람들에게 친근감을 주는 식물이다.

아름다운 모습뿐만 아니라 향기까지 가지고 있다. 연꽃의 향기는 은은하고 상쾌하여 사람들에게 안정과 편안함을 준다. 연꽃은 향기뿐만 아니라 순수함과 깨끗함의 상징적인 의미가 있다. 깊은 물 속 진흙에서 뻗어 올라 자라면서도 꽃잎은 항상 깨끗하고 순수한 색상을 유지한다.

따라서 연꽃은 우리에게 더 나은 삶과 희망을 상기시켜 주는 꽃으로서 그 존재가 더욱 소중하게 느껴지게 된다. 신문홍 시인은 이러한 마음으로 제2 시집을 세상에 내놓는 것이 아닌가 생각된다.

진흙 속 뿌리는 깊고
솟구치는 줄기는 모질다

전생의 업보
해와 달
목탁木鐸의 노래 못 잊어
온 힘 다해 솟아올라
지쳐 누운 이파리 서너 개

암자의 연못에 여미고 앉은
진홍색 족두리
끊지 못하는 억겁의 인연

-「연꽃」 전문

연꽃은 깨끗한 물에 살지 않는다. 진흙 같은 탁한 물에 살지만, 꽃이나 잎은 더러움에 물들지 않는다. 모든 초목은 꽃이 지면서 열매(결과)를 맺지만, 연꽃만은 꽃이 핌과 동시에 열매가 자리 잡는다. 깨달음을 얻고 나서 이웃을 구제하는 일이 수행의 목적이 아니라, 이기심을 버리고 자비심을 키우며 동시에 이웃을 위해 사는 일 자체가 깨달음의 삶이라는 것이 화과동시花果同時의 숨은 뜻이다. 마지막 연에서 '암자의 연못에 여미고 앉은 진홍색 족두리'라는 표현은 매우 인상적이다. 그게 부처님에 대한 신앙을 뜻하는지, 아니면 언젠가 스치고 지나간 애틋한 또 다른 인연을 말하는지는 모르지만 깊고 세련된 표현이라 하겠다. 족두리는 본래 인연의 상징이기도 하다.

인연과 자비를 상징한 고귀한 연꽃을 소재로 한 신문홍의 시집 첫 장에 실린 시를 잠시나마 음미해 볼 일이다.

<3>

우리가 일생을 살아가노라면 고달프고 답답하고 스트레스를 많이 받는다. 그렇지만 가끔 일어나는 웃을 일들이 그런대로 삶의 윤활유 역할을 해주기도 한다. 그러므로 유머는 많은 인간관계에서 갈등을 해소하고 여유를 주어 정신건강에도 좋다. 또 사태를 푸는 실마리가 될 뿐만 아니라 자신의 존재를 확인시켜 주는 기회가 되기도 한다. 신문홍 작품에서는 「리모컨」「뒷집 수탉」「기러기 가족」「홍시」 등 세태를 반영한 이런 유머러스한 시를 만날 수 있는 기쁨이 있다. 뒷집 수탉을 살펴보자.

우리 집에는 암탉 세 마리가 있었다
누릇한 알을 낳아주는 고마운 닭이다
엄마는 장날에
노란 보자기를 덮은 광주리를

조심히 들고 가서 달걀을 팔아
형아들 월사금을 낼 것이다

뒷집에는 풍채 좋은 수탉이 있었다
하루에도 몇 번씩 우리 집에 왔다
날개를 퍼덕이며 겁을 주면
우리 집 암탉들은 꿇어앉았고
수탉이 망측한 짓을 했다

'이놈의 새끼가!'
나는 화가 나서
부지깽이로 쫓아내곤 했다.
오늘은 아예 보초를 설 생각이었다.
부지깽이를 들고 감나무 밑에 쪼그린
나에게 엄마가 "뭐 하나"고 물었다.

"냅둬라. 장닭이 와야 새끼를 치는기라"
나는 콧방귀를 끼었다.
'치! 엄마는 보지도 못했으면서.'

한참을 기다리니까 수탉이 왔다
나는 못 본 척 슬그머니 일어나
부지깽이를 휘휘 저으며
엄마가 간 밭으로 향했다

엄마가 한 말뜻을 알 듯 말 듯했다
노란 병아리들이

웅기종기 노는 모습이 눈에 선했다

-「뒷집 수탉」 전문

<4>

여러 시 중에서 책 제목 「마지막 화살」을 통해 그의 창작 정신을 살펴본다. 좋은 시는 직접 말하지 않는다. 말을 감추고 버림으로써 추상적인 세계와 실체가 도달한다. 비유는 가장 큰 핵심 기법이며 특히 은유는 시작 표현의 중추를 이룬다. 시가 시일 수 있는 특징은 이미지와 상징과 더불어 은유를 들 수 있고, 이 중 은유가 차지하는 비중은 시를 역동적이고 탄력성 있게 만드는 요소가 된다.

채수영 시인은 "시는 시 같아야 하고 수필은 수필 같아야 한다. 비유의 장치나 시적 포장을 걷으면 속살이 드러나는 의미의 맛이 있어야 한다."라고 했다.

신문홍 시인은 시 창작에서 대상의 새로운 모습이나 의미의 발견을 유도한다. 또한, 추상적 의미를 구체화하거나 가시화함으로써 의미와 정서를 확대하고 작품 안의 내용과 형식을 긴밀히 연결해 작품 전체의 유기성을 강화한다.

석양 비치는 사선射線에 서 있다.
남은 화살은 단 한 발
무엇을 쏘아야 하나?

아바이 수령을 쏠까
모가지 빳빳한 봉황을 쏠까
까마귀 떼 시끄러운 여의도를 쏠까

참아라, 아껴야 한다
별이 뜨면 아름다운 밤
세상이 온통 시詩로 넘칠 때까지

쏘지 말고 겨누어라
검은 표적이 원고지로 변하면
시위를 당겨 붓을 쏘아라

잠자는 시인을 깨우고
게으른 정의가
화들짝 정신을 차리도록

-「마지막 화살」전문

<5>

신문홍 시에는 자연물을 의인화하여 그 성질과 동작을 표현하는 의인법을 적절히 사용하여 시 창작에서 가장 큰 핵심인 메타포를 잘 구사한다. 하여 생각하며 읽기 하는 힘이 있다.

사람의 향기
맡은 적 있나요.

자신의 향기

느낀 적 있나요.

꽃, 풀, 나무
모두에게 있습니다.

꽃의 향기는 십 리
사람의 향기는 만 리를 갑니다.

향기로운 세상을
만들어요.

내가 먼저 나눌게요.
당신도 나누세요.

모두가 향기 뿜으면
세상은 꽃밭이 되겠지요.

-「사람의 향기」 전문

위 인용 시에는 화자의 소망적 사고가 시의 내부 전반에 깔려있다. 꽃이 생겨나는 것을 보면 꽃은 꽃대의 아픈 몸을 터트려 세상에 나온다. 산뜻하고 찬란한 꽃은 생명으로 태어나는 환희이기 때문이다. 시는 삶의 형식이며 삶의 붉고 뜨거운 꽃이 아니겠는가.

인간의 길과 시인의 길은 둘이 아니다. 시는 늘 우리를 감전시킨다. 시는 생명의 원형을 찾고자 하는 순수의 형식이고 살아있는 몸 자체이며 또한 지속에 대한 끊임없는 욕망이다. 이러한 꽃은 숨어 있으므로 보는 사람에게만 보인다. 다시 말해 세속에 취한 사람에게는 안 보인다. 시는 두근거리는 가슴이 없는 사람의 눈에는 보이지 않는 꽃이다.

<6>

신문홍 시인의 고향은 기장이다. 지금 그가 사는 곳도 태어난 곳과 가까운 곳에 있다. 원래 집이나 고향은 모두 원초적 귀속성을 속성으로 거느린다. 그는 집, 고향, 가족에 대한 그리움을 서정적 이미지를 바탕으로 잘 묘사하고 있다. 화자는 「숫눈길 걸으며」「손녀 사랑」「정화수 떠 놓고」「친정엄마」「송편」「꽃신」 등의 시에서 옛집과 친구, 아버지, 어머니 이야기를 하고 있다. 자아가 과거로 회귀하면 과거 지향적으로 되기 쉽다. 현재 우리가 살아가는 세계는 빠른 속도로 변화하고 있다. 그 때문에 과거 지향적인 시들은 자칫 문화 지체의 가치관에 빠질 위험이 있어 금기시하는 경향이 있다. 그런데도 신문홍 시인은 시각· 후각· 촉각 등 감각적 이미지를 다양하게 변주하여 구체적이고 생동감 있게 표현함으로써 추억을 시로 승화시키는데 성공하였다. 그의 작품이 동시대를 살았던 이들의 보편적인 기억으로 공감대를 넓히고 감동을 불러일으키는 이유이다.

한 대접의 물에도
파도가 있습니다

한 대접의 물에서
은혜의 바다를 봅니다

빌고 빌어 지문이 닳아버린
등 여린 손
오직 하나, 자식을 위한
기도는 늘 깊고 넓었습니다
달 밝은 밤
물 한 대접 떠 놓고

그리운 어머니
나는 당신을 씁니다

-「정화수井華水 떠 놓고」 전문

위의 시 「정화수 떠 놓고」는 12행의 짧은 시이다. 어머니의 깊은 모정을 한 대접의 정화수에서 불러내고, 은혜의 바다로 묘사함으로써 자식에 대한 무한 사랑을 회상하고 있다.

또한 어머니에 대한 그리움을 "나는 당신을 씁니다"라는 짧은 한 줄로 절제하고 함축하면서도 전달하고자 하는 의도에 부족함이 없다.

해 뜨는 달음산 달 지는 철마산
진달래 치마산은 그대로인데
내 고향 '한밭'은 간 곳이 없네
모과정 들 보리 내음

코끝에 맴돌고
피라미 잡던 냇물,
건너뛰던 돌다리 아련하구나

향기도 인심도 낯설어진 정관 신도시
어릴 적 모습 그립기만 하네

곰내재 통나무 카페 홀로 앉아
산 아래 빌딩 숲 내려다보며
그 옛날 버들피리 마음껏 불어본다
물방개 노는 냇가 그랑 철기 날고

-「고향 무정」 전문

위 인용 시에서 서정적 이미지를 환기하는 중요한 요소는 서두에 나오는 '달음산 철마산', '들 보리 내음', '피라미 잡던 냇물', '건너뛰던 돌다리' 등의 이미지다. 시에서는 흔히 슬픔, 울음, 아픔 같은 사물들은 닫힌 공간이 아니다. 문이나 창이 깃들지 않는 집이 없듯이 지상의 길과 연결되지 않은 집을 예상하기 어렵다. 집은 끊임없이 외부와 이어주고 교류되는 실존적 공간이다. 화자의 의식 속에 자리 잡은 고향은 미학적 관점을 통해 부드럽게 형성되는 아름다운 풍경을 낳는다.

<7>

문학은 우리 삶의 이야기다. 작품들의 구성과 상상은

기억과 경험 속에서 찾아내어 독자의 세계로 퍼지고, 공감 세계로 불러오게 된다. 그러므로 시 쓰기는 삶이 안겨주는 풍경을 들여다보고 그 흔적이 남긴 생생한 모습을 내면화시키는 미적 태도와 깊이 연관되어 있다. 신문홍 시인의 인생관을 엿볼 수 있는 시 2편을 살펴보기로 한다.

하늘에서
흰 나비 쏟아 내린다
문익점 할아버지
붓 뚜껑이 열렸구나
목화송이 퍼붓는다

잘한다.
장하구나!
힘차게 달려라

제발, 저 시끄러운
여의도의 까마귀 굴을
하얗게 하얗게

-「눈雪」 전문

위 인용 시는 눈이 쏟아져 내리는 자연적 현상을 묘사한 서정시이지만, 결구에서 '제발, 저 시끄러운 여의도의 까마귀 굴을 하얗게 하얗게'라는 표현을 통해 오늘날 어지러운 정치 행태를 은유적으로 비판하는 시대 정신을 담고 있다.

타다남은
장작 꼬랑지는 흉하다

완전히 타서 사그라든 재는
너무나 곱고 평화롭구나

온전히 태워야 한다
활활 타오르자

나를 위해 세상을 위해
흉한 꼬랑지 남기지 말고

-「태움」 전문

타다 남은 장작 꼬랑지는 흉하다. 완전히 타서 사그라진 꽃불은 다 지고서도 아름답다. 워즈워스는 "시란 강력한 감정이 자연스럽게 흐르는 것이다. 그것은 고요한 가운데 회상되는 감정에서부터 솟아난다."라고 하였다. 마음으로 전해오는 삶의 무늬를 통해 신문홍 시인의 인생관을 엿볼 수 있는 지극한 고백의 마음이 잔잔하게 전해져 온다.

시가 손에 쥐어지고 가슴에 따뜻이 안길 때 우리는 누구나 생기를 되찾기 시작한다.

읽고 부담이 없는 좋은 시에 감염된 벅찬 가슴의 두근거림에 우리의 맑은 피는 새롭게 감돌고, 숨을 고르게 쉴 수 있는 것이다. 이러한 시인의 태도는 감정이입이며 그리움의 진폭을 넓히는 의미이다.

<8>

끝으로 「초닷새 날에 (시처럼 소설처럼)」 시를 올려본다.

1.
큰스님이 암자 마당에 들어서자
동자승이 넙죽 엎드려 절을 하였다
"아버지 오셨습니까?"
"여섯 살이냐?" "예"
장삼 자락에서 흰 고무신 하나를 꺼냈다
"딱 맞습니다"
"어떻게 알았느냐?"
"구월 초닷새 날에 찾아오시는 큰스님이
제 아버지라고 하셨습니다"
"어디에 계시느냐?"
"동냥 수행 가셨습니다"

2.
오 년 전 어두운 밤
수행 중 날이 저물어 이 암자에 들었다
"하룻밤 신세를 져도 될는지?"
"예, 어서 드시지요"
"명월이가 아니냐?"
"예 소승은 진작에"
'기이한 인연이로고 여기서 만나다니'
십 년 전 큰스님은 앳된 스무 살 처녀의

머리를 밀었다. 붙여준 승명이 '명월'이었다

찻상을 앞에 두고 말을 더듬었다
"자리를 봐 드리지요."
"행랑채 보일러가 고장이라서,
그럼 저는 법당에서"
"가을바람이 차구나, 예서 자거라."
스미는 바람에 흔들리던 촛불이 꺼지고
달빛에 대나무 잎이 서걱거렸다.
구월 초닷새 날이었다

3.
"다른 말은 없었느냐?"
"아버지 따라가서 학교에 가야 한다고"
"큰스님이라고 부를 수 있느냐?" "예"
"그럼 됐다. 가자!"
"어머니 오시면 말씀드리고 가야지요"
"아니다, 향기가 감도는 걸 보니
아마 어디서 보고 있는 것 같구나"
동자를 훌쩍 들어 안고 대문을 나섰다
동자는 자꾸 뒤돌아보고
우물가 장독대에서 빈 독 하나가
소리 없이 흐느끼고 있었다

위 인용 시는 시인이 붙인 소제목처럼, '시처럼 소설처럼' 느껴진다. 한겨울 대관령 허허벌판에 죄인처럼 묶여 있는 명태 같다는 생각도 들고, 마음속에 감추었던 시커

먼 욕심 다 뱉어내며 눈보라의 혹한을 견디는 옛 선조들의 귀양살이 모습이 연상된다. 욕망을 모두 내려놓고, 죄업을 닦으며 새로운 보시의 환생을 찾아 탈바꿈하는 모습을 표현하고 있는 듯하다. 결구에 '우물가 장독대에서 빈 독 하나가 / 소리 없이 흐느끼고 있었다.'는 이 시의 압권으로, 음악적인 빛깔로 성공적으로 마무리한 서정이 두드러지게 나타난다.

흔히 고무신, 촛불, 가을바람, 달빛 같은 사물들은 시에서 흰 빛깔을 떠올리게 하는데 그런 의미에서 이들은 순수, 정신, 승화를 암시하는 천상의 세계에 속해 있다고 볼 수 있다. 더 이상 해석은 독자 제현에게 맡긴다.

3. 닫으며

신문홍의 첫 시집『그리움도 병이어라』의 발문을 쓰신 송명희 교수께서는 서평에서 신문홍 시인은 "점차 시적 소재를 개인적인 과거의 경험에 대한 회상에서 현실적 자아가 직면한 현재의 사회적 문제로 확장하고 있다.「저 멀리 북쪽에는」에서는 자유를 박탈당한 북한 주민들의 문제 등 국가 공동체의 문제를 시화한다. 바람직한 현상이다."라고 했다.

필자가 제1 시집과 제2 시집에서 느낀 바도 같다. 신문홍의 제2 시집에서 본 시는 제1 시집에 비해 쉽고 대중적이면서도 훨씬 활달하다. 「풍등」, 「결투」 등의 시에서는 국가 간 전쟁과 지배권력에 의한 억압, 인류 희생에 대하여 절제된 비유를 통해 경고하고 있다. 또한 「달에게 하는 귀띔」, 「수온」 등에서는 지구의 온난화와 환경문제 등에 대해서도 관심을 보인다. 시작의 범위를 확대한 발전적 현상이라 하겠다.

신문홍 시인이 시에서 구사하고 있는 시어는 조작적인 것이 아니고 일상적인 말들이 자연스럽게 작품 속에 배치하고 있어서, 시의 이해나 해석에 있어서 난해한 작품은 절대 아니다. 그가 쓰는 시어는 깊은 사색과 고뇌하는 심미적 가치를 담고 있다.

그의 시편들에는 삶에 내재한 구체적 체험을 여과시켜 쉽고도 절박한 언어로 사랑과 인정, 소망 등을 포착하여 아주 깊고 개성적인 서정의 진폭을 보여준다. 또한, 현실의 어려움, 그리움, 애환을 긍정으로 치환하는 창작수법은 호소력을 수반하고 시적 울림을 강화하고 있다. 필자는 신문홍 제2 시집 『마지막 화살』이 대중적인 언어로 지은 흰 쌀밥 같은 시집 한 채라고 평하면서 시인의 다음 시편을 기대한다.

마지막 화살

초판1쇄 발행 2025년 4월 10일

지 은 이 신문홍
펴 낸 이 이길안
펴 낸 곳 세종출판사

주소 부산광역시 중구 흑교로 71번길 12 (보수동2가)
전화 051－463－5898, 253－2213~5
팩스 051－248－4880
전자우편 sjpl5898@daum.net
출판등록 제02-01-96

ISBN 979-11-5979-760-6 03810

정가 13,000원

이 책은 저작권법에 따라 보호받는 저작물이므로 무단전재와 무단복제를 금지하며,
이 책 내용의 전부 또는 일부 내용을 재사용하려면 사전에 저작권자와 세종출판사의
동의를 받아야 합니다.

* 잘못된 책은 교환해 드립니다.